論盡

Mastering the Universe

宇宙

——從猿人到外星人的探索之旅

旅程開始前的一個異象 ——

　　幻想在你的面前，坐著一隻除了頭頂長滿了長毛外，全身都光禿禿的雌性猿類。牠正在吃著一塊仍然帶著血水的肉類，並喝著一些由腐爛了的果實分泌出來的液汁；牠的旁邊則放著一束活生生地從一些植物身上割下來的生殖器官。好了，大家可以想像那是一個怎樣的情景嗎？

（答案在 117 頁揭曉）

再來一個「孰是孰非」的 思考挑戰──

　　古語有云：「上天有好生之德」。環顧我們這個到處都生機勃勃的世界，我想大家對這句話應該不會有甚麼異議。

　　大家亦可能聽過古語中有「天地不仁，視萬物如芻狗」這個說法。「芻」的意思是野草，是很卑賤的東西；而在我國傳統文化中，狗也是低賤的象徵（如罵人是「走狗」）。

　　好了，只要我們想想 2008 年汶川大地震一下子奪去 8 萬人的性命，以及 2004 年南亞海嘯奪去 23 萬人的性命，我相信你們亦會對這個說法深有同感。但如今問題來了。兩個說法都好像很有道理，但兩者卻是互相矛盾的！那麼究竟哪個說法更為反映現實呢？

　　一個與上述問題十分相似但更為通俗的問題是：究竟「天有眼」還是「天無眼」呢？或者說，是否「天有眼」我們才應該循規蹈矩、與人和善，互助互愛、行善積福？而假若「天無眼」的話，我們便可（只要能夠避過法律制裁的話）肆無忌憚、損人利己、傷天害理、作奸犯科呢？

（答案在 114 頁揭曉）

目錄

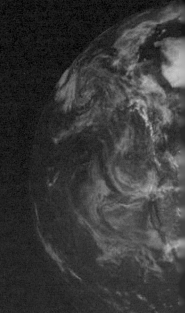

第 1 部

我們的家鄉——
地球

人類過去數百年對宇宙認識的大幅提升，是否為我們帶來一些有用的啟示？我們就從所有人的家鄉說起吧。

「香港島有多大？」

在這個噴射客機和互聯網的世代，我們很易有一個錯覺，以為地球並非很大。這當然大錯特錯。事實上，地球較我們一般人所想像的都大得多。

就先以我本人生於斯、長於斯的香港島為出發點吧。大家打開地圖一看，是否覺得香港島的形狀與一種動物十分相似呢？

對了，它的形狀活像一隻青蛙。這隻青蛙的頭向西而屁股向東。也就是說，牠每天都以屁股迎接日出，而含情脈脈地看著在太陽在西邊隱沒。

大家是否知道這頭「青蛙」自東至西有多長呢？

我曾經認真地量度過（當然只是從地圖上），得悉「牠」的長度約為 14 公里左右。

香港島

14 公里左右

「地球的直徑是多少？」

地球並不是完美的圓球形。

為了了解地球究竟有多大，現在讓我們以哈利波特也要甘拜下風的超級魔法，把整個香港島移到地球的赤道之上。

如今的問題是，我們需要多少個香港島首尾相連，才可環繞地球一周呢？

唔！這當然要求我們知道地球的圓周是多少。大家也許知道，地球的直徑沿著兩極計算跟沿著赤道面計算有所不同，這是因為地球的自轉令到地球不是一個完美的球形。但這兩個直徑其實相差很小（否則從太空拍到的地球照片也不會跟圓形幾乎一樣），都是 12,700 多公里。

「地球 = 多少個香港島？」

　　為了方便記憶和計算，我們就把地球的直徑當作 12,800 公里好了。（香港人最喜歡「好兆頭」，「一易發」加兩個零，不是挺易記又吉利嗎？）好了，把這個數乘以圓周率的 3.14159，我們便得出地球的圓周；而把這個數（4 萬公里左右）除以「青蛙」的 14 公里，我們便可得出要知的答案。

　　答案是甚麼？是 2,872 隻青蛙。也就是說，我們差不多要 2,900 個香港島首尾相連，才可環繞地球一周！

　　我在香港島住了這麼多年，但假若你問我是否到過島上每一處地方，答案當然是否定的。而且我相信在我有生之年，也沒可能遊遍港島的每一角落。但如今我們說的，是 2,900 個香港島啊！

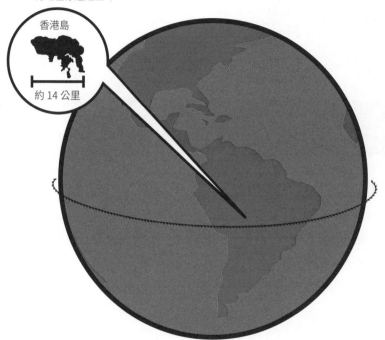

▶ **2,872** 隻
青蛙在赤道之上

香港島

約 14 公里

　　我們更加不要忘記的是，即使我們遊遍這些香港島，也只是環繞了赤道一周而已！（我們都知道，即使在一個頗大型的地球儀之上，香港島也只是一個點。）而地球的總面積不用說較這 2,872 個島大很多很多。

「地究竟有多厚？」

還有的是，雖說我們是居住在地球之上，但實際上，我們只是居住在這個星球最表面的一層外殼之上。各位當然知道，這層外殼我們稱為「地殼」，但你們有沒有想過：「地殼究竟有多厚呢？」

科學家的研究告訴我們，地殼的平均厚度為 45 公里左右（高原處較厚、海床處較薄）。這個數字跟港島的 14 公里比起來算是不小，但跟地球的直徑比起來卻是微不足道。

究竟有多小？讓我們隨便拿來一個大大的紅蘋果，那麼這個蘋果的皮對比起整個蘋果，便已經較地殼比起整個地球厚得多。

更貼切的比較其實是一枚焙熟了的雞蛋。我想說的不是雞蛋殼，而是剝了殼後還包裹著雞蛋的那層薄膜。對，地殼之比起整個地球，便有如這層膜之於雞蛋般薄。

▶地殼之比起整個地球，便有如包裹著雞蛋般的那層薄膜。

地殼之下是足以溶掉地面上一切生物的熾熱岩漿。當然，這些岩漿比起地心的 6,000 度高溫只能說是微熱吧了。

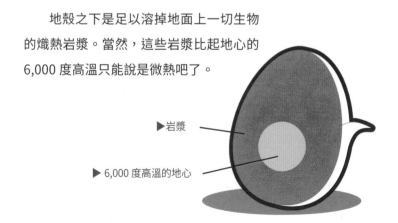

▶岩漿

▶ 6,000 度高溫的地心

知多一點點

物質的構成為何？

物質的基本構成單元稱為「分子」（molecule），如「水分子」、「氧分子」、「二氧化碳分子」等。「分子」的基本構成單元稱為「原子」（atom），如構成「水分子」的「氫原子」和「氧原子」、構成食鹽的「鈉原子」（sodium atoms）和「氯原子」（chlorine atoms）等。同一類型的「原子」又稱為「元素」（element）。現時人類所知的「元素」有百多種，但因為部分具有放射性（radioactive）並不穩定，組成我們日常事物的「元素」實只有 90 種左右，包括金、銀、銅、碳、氮、氧、硫、磷、鈣等。

　　科學家最初以為「原子」不可分割，後來才知「原子」乃由「原子核」（nucleus）和外圍的「電子」（electron）所組成，而「原子核」則由「質子」（proton）和「中子」（neutron）這兩種粒子所組成。進一步的探索顯示，「質子」和「中子」乃由更微細的「夸克子」（quark）所組成。就現時所知，作為能量載體的「光子」（photon），加上不同類別的「夸克子」（quark）、「電子」和一種叫「中微子」（neutrino）的粒子，便足以組成我們這個多姿多采的宇宙，這如同英文中的 26 個字母，即可演變出無窮的說話和文章。

電子

質子
中子
原子核

* 這只是個示意圖。真實的原子無法被簡單地描繪。

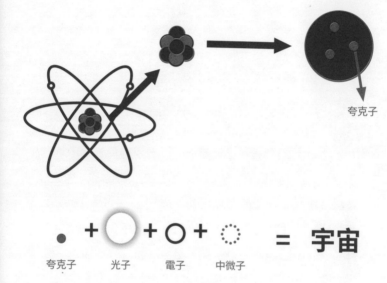

夸克子

. + ○ + ○ + ○ = 宇宙

夸克子　　　光子　　　電子　　　中微子

　　對於上述各種粒子，科學家迄今未有找到任何結構，所以它們被稱為「基本粒子」（fundamental particles）。但有趣的一點是，愛因斯坦發現了能量（以「光子」為所代表）和物質（即其他「粒子」）原來可以按照 $E = mc^2$ 這條公式互相轉化，亦即在適合的條件下，「光子」可以變成其他的「粒子」（稱為「粒子對生成」），而其他「粒子」也可變成「光子」（稱為「湮滅作用」）。

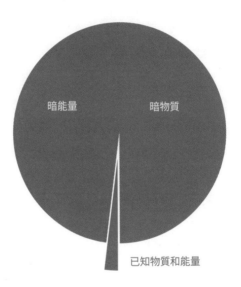

暗能量　　　　暗物質

已知物質和能量

　　更為令人驚訝的是，自上世紀末開始的研究顯示，以上所述的物質和能量，原來只佔宇宙總體「質能」的 4% 左右，其餘的 96%，是我們迄今所知甚少的「暗物質」和「暗能量」。這些神秘的「暗物質」和「暗能量」究竟是甚麼東西，將是本世紀一項重大科學研究課題。

「人類，
環繞地球要多久？」

讓我們回到地球的大小之上。大家都應該聽過《八十日環遊世界》這本小說吧。約 150 年前，80 日已經是環繞世界一周的最短時間。到了今天，這個時間已經大幅下降至太空船環繞地球一周只需 1.5 小時。當然，能夠以這個時間環繞地球的迄今只是限於極少數的太空人。而在另一方面，我們亦很難想像這個時間能夠進一步縮減。

為甚麼呢？原來，太空船是在地球的大氣層之外環繞地球運行，這需時大約 90 分鐘，理論上我們可以降低太空船的高度以令這個時間縮短，但這樣做會令太空船跟大氣高層的空氣產生劇烈摩擦，結果是得不償失。

▶ 太空船環繞地球一周要 **1.5** 小時。

「光，環繞地球要多久？」

大家知道宇宙中最高的速度是甚麼嗎？

對，是光。光在真空的速度是每秒 30 萬公里，這個速度之高實已超乎我們日常的體驗。但我們可以將它跟地球的大小結合起來而得出一個有趣的結果。

雖然光在真空之中只會以直線行走，但假設它能夠轉彎的話，簡單的計算顯示，光可以在一秒間環繞地球七周半之多，也就是說，可以一秒間跨越 2 萬多個香港島。想深一點，這個比喻其實也超越了我們日常生活的想像……

▶ 光可以在一秒間環繞地球七周半之多。

知多一點點

天體離我們多遠？

　　大家可能覺得奇怪，從月球到金星、火星、木星及至太陽—更不要說甚麼天狼星、織女星、牛郎星乃至億萬光年以外的星系（galaxies）—天體離我們是多麼的遙遠，我們怎麼可能得知它們的距離呢？

　　人類的聰明才智是令人驚訝的。事實上，天文學家為了測量天體的距離，先後發展出眾多巧妙的方法。最基本的一種叫「視差法」（parallax），就是利用地球處於公轉軌道的最大距離時（即相隔半年的兩個位置），觀測較近的星體在遙遠星空背景上的位置變動，從而計算出它們的距

離。1838 年，德國天文學家貝塞爾（Friedrich Wilhelm Bessel）便是以這個方法，計算出天鵝座一顆編號為 61 的恆星（漢名為「天津增廿九」）離我們約 10 光年多，是人類首次成功量得恆星的遠近。

往後發展出的一個重要方法，源於美國女天文學家勒維特（Henrietta Swan Leavitt）於 1908 年發現的「周光關係」（period-luminosity relationship）。原來宇宙間有一種光度呈現周期性變化的「變星」（variable stars），它們光度變化的周期長短，與它們的「絕對光度」（absolute luminosity）成正比（絕對光度愈大，周期愈長）。也就是說，只要我們斷定了一顆這類「變星」的距離，便可透過周期的長短，推斷出其他更遙遠「變星」的絕對光度，從而再計算出它們的距離。

　　若要測量更遙遠的天體，天文學家還發展出「藍巨星絕對光度」、「超新星絕對光度」和「橢球型星系絕對光度」等比較測量法。

　　在宇宙學的超宏觀尺度，天文學家則利用「時空膨脹」引致的「星系光譜紅移」（galactic redshifts）來進行推算。根據「哈勃定律」（Hubble's law），距離我們愈遠的星系，因「多普勒效應」（Doppler effect）所導致的光譜紅移量會愈大。透過這個方法，科學家已經找出了百億光度以外的「超星系團」（super clusters）和「類星體」（quasars）等天體的距離。

　　我們現在知道，宇宙大約於 140 億年前誕生，所以即使我們的觀測技術如何進步，我們未來也不可能找到離我們 300 億、500 億或 1,000 億光年的天體。這是因為，即使有一個天體真的離我們 1,000 億光年遠，自宇宙誕生以來，它的光線仍未有足夠時間跨越這個龐大的距離而被我們觀測到呢！

第 2 部

宇宙有多大？

我們已看過地球這個人類共同的家鄉是如何的龐大。現在，我們會飛出地球，看看地球在宇宙中又是如何的渺小。

「月球有多大？」

離開地球後，最接近我們的天體當然就是——月球。

讓我們看看它的大小。假如我們以一個籃球來代表地球，則月球便大致等於一個成年人的拳頭般大。

地球

月球

①
②
③
④
⑤
⑥
⑦
⑧
⑨
⑩
⑪
⑫
⑬
⑭
⑮
⑯
⑰
⑱
⑲
⑳
㉑
㉒
㉓
㉔
㉕
㉖
㉗
㉘
㉙
㉚

「月球離我們
有多遠？」

但這個拳頭大約處於甚麼位置呢？

我們發現，原來它處於 30 個籃球的直徑之外！大家沒有看錯，是 30 個籃球（即地球）的直徑。而月球已經是最接近我們的天體！太空的遼闊由此可見一班。

▶ 假如籃球代表地球，月球大致像成年人的拳頭般大。它處於 **30** 個籃球的直徑外！

「飛去月球要多久？」

　　月球當然亦是人類迄今唯一踏足的另一個天體。太陽神太空船從地球飛抵月球要 3 天多的時間。你可能以為太空船的速度不夠高才需要這麼久。但讓我告訴你，太空船的平均速度實較最高速的子彈還要快！你能夠想像坐在一個比子彈還要快的太空艙之內的情境嗎？

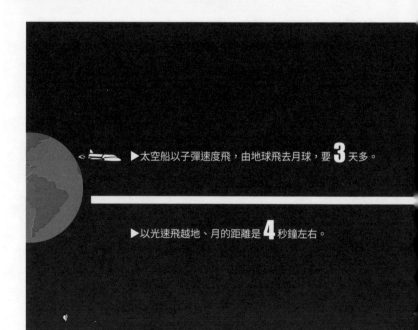

▶太空船以子彈速度飛，由地球飛去月球，要 **3** 天多。

▶以光速飛越地、月的距離是 **4** 秒鐘左右。

　　那麼以光速飛越地、月兩者的距離要多久呢？答案是 4 秒鐘左右。也就是說，月球上的太空人跟地球上的指揮人員通話時，一來一回要 8 秒鐘之多（因為無線電波的速度也是光速）。

「太陽離我們有多遠？」

離開月球之後，最接近我們的天體是金星和火星。但因時間關係，讓我們跳過它們而直奔對我們至為重要的天體——太陽。

太陽離我們 1 億 5,000 萬公里，這樣的距離是名符其實的「天文數字」。要更易掌握這個距離，還是讓我們利用光線跨越所需的時間吧。

「原來這些是 8 分鐘多前的陽光來。」

光線從太陽的表面抵達地球，需時約 8 分鐘 20 秒。我們也可把這個距離稱為「8.3 光分」。

太陽離我們 **1億 5,000 萬**公里

　　這意味著甚麼呢？這意味著我們所看到的太陽並非這一刻的太陽，而是 8 分多鐘前的太陽。至於這一刻的太陽是甚麼模樣（也許正出現猛烈爆炸！），我們是完全無法得悉，而必須在 8 分鐘多後才觀測得到。

　　留意我說「完全無法得悉」並非因為我們現時的儀器不夠先進或望遠鏡的威力不夠強大。即使我們將來發展出更先進更強大的觀測儀器，我們也不可能打破 8 分多鐘這個極限 ── 除非我們能夠論證光速並非宇宙速度的上限，亦即我們能夠推翻愛因斯坦建立的「相對論」。我們當然不能武斷說這是絕對不可能，但自百多年前愛因斯坦建立「相對論」以來，無數頂尖的科學家都嘗試找出它的錯漏之處，但迄今都沒有一個成功。

「太陽系有多大？」

讓我們再來看看宇宙的浩瀚。現在讓我們把方才的那個籃球代表太陽。

由於太陽的直徑是地球的 109 倍，地球將會變得有如一顆芝麻般渺小，而且會被放到離開籃球 30 米的位置。而處於太陽系外圍的冥王星，則是處於 1,200 米外的一顆

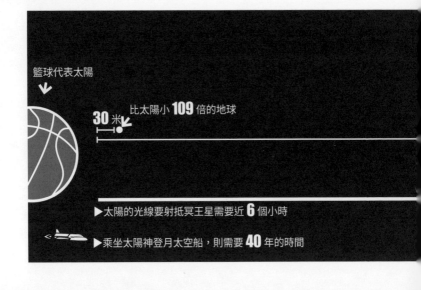

籃球代表太陽

30 米 ↘ 比太陽小 **109** 倍的地球

▶ 太陽的光線要射抵冥王星需要近 **6** 個小時

▶ 乘坐太陽神登月太空船，則需要 **40** 年的時間

微塵而已。（我們如今知道冥王星並非太陽系的最外圍，
但它仍是大家最熟悉的，所以我還是用它作例子。）

　　在現實中，太陽的光線要射抵冥王星需要近 6 個小時，
如果我們乘坐太陽神登月太空船，則需要 40 年的時間才
能到達。（即使船員不發瘋，我們也無法攜帶所需的食物、
空氣和水分。）

微塵般的冥王星

1200 米

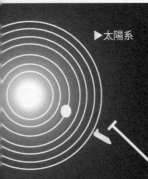

▶太陽系

▶乘太空船離開太陽系 **4** 年多後，
才遇到「南門二」。

▶以「南門二」為例，它跟我們的距離是 **4.2** 光年。

　　然而，一旦光線離開了太陽系，即使它朝著最正確的方向進發，也需要 4 年多的時間才會遇上另一個天體。我所指的「最正確方向」，是南邊天半人馬座的主星「南門二」，英文叫 Alpha Centauri。大家如果看過科幻大電影《阿凡達》的話，故事中的背景就是這個恆星系統。

　　由於「南門二」（及其他恆星）跟我們的距離太大，天文學家索性不再用公里這個單位，而改用光線跨越所需的時間作為單位。以「南門二」為例，它跟我們的距離是 4.2 光年。（直至今天，仍然有人以為光年既有「年」字便必定是時間單位，這當然大錯特錯。）

　　作為最接近太陽系的恆星系統，「南門二」實乃由三顆恆星所組成，其中一顆較我們的太陽還要龐大和光亮，另外一顆則較太陽略暗，至於第三顆則較太陽暗得多。

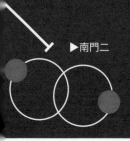

▶南門二

知多一點點☆

核裂變 VS 核聚變

地球、金星、火星是「行星」（planets），而太陽、天狼星、織女星是「恆星」（stars），兩者間的分別在哪？主要的分別在於 —— 前者是不能自我發光的天體，所以只能夠靠反射其他星體的光才可被我們觀測到；至於後者，則相反可以自我發光發熱，是宇宙中光和熱的主要來源。

「恆星」所發出的能量是驚人的。我們的太陽，只是一顆很普通的「恆星」，但它每秒釋放的能量，便足以將地球頃刻間化為灰燼。幸好地球所截獲的，只是這個能量的二十億分之一左右；但就是這個微小的份額，便較人類

現時的能源消耗大上 8,000 倍之多。說「太陽能」（solar power）不能取代「化石燃料」（煤、石油、天然氣）而滿足人類能源需求的人，顯然沒有掌握到正確的數據。

還有的是，太陽每分每秒所發放的如此龐大的能量，已有近 50 億年之久！這麼龐大的能量是從哪兒來呢？科學家的研究顯示，能量源於太陽中心區域的核子反應。由於巨大的引力擠壓，產生了極高的壓力和溫度，那兒的氫元素不斷聚合蛻變成氦（helium）這種元素，其間釋放出極其巨大的能量。按照計算，這種反應可令太陽繼續照耀多 50 億年。

留意上述這種核子反應，與原子彈以及過去數十年來的核能發電原理並不相同。後者的原理是將較重的放射性元素（如鈾）分裂成為較輕的元素（如鉛），所以科學家稱之為「核裂變」（nuclear fission）。至於在恆星內部進

行的,則是較輕的元素(如氫)聚合成為較重的元素(如氦),所以被稱為「核聚變」(nuclear fusion)。由於「核聚變」的先決條件是非常高的溫度,所以這種核子反應又被稱為「熱核反應」(thermonuclear reaction)。

大家必然聽過「氫彈」(hydrogen bomb)這種可怕武器。原來「氫彈」背後的原理是就是「核聚變」,它的威力較基於「核裂變」的原子彈大上千倍有多。今天人類所擁有的這些「熱核武器」,足以將人類的文明徹底毀滅。

過去大半個世紀,不少國家都投放了龐大的資源,而無數科學家亦作出了不懈的努力,以圖將「熱核反應」用於和平的發電用途,從而解決人類的能源危機。然而,由於涉及的技術難度極高,這個目標預計最快也要到本世紀中葉才有機會實現。

其實，一個龐大的「熱核反應」爐已一直為我們提供穩定的能源，它便是我們的太陽。不少人指出，要解決能源問題和對抗全球暖化危機，盡快大規模採用太陽能才是最佳的方法。

太陽系

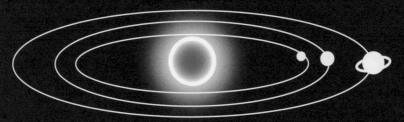

「甚麼恆星比
太陽更大、更熱？」

　　事實上，除了金、木、水、火、土等五顆太陽系內的「行
星」（planets）外，我們在夜空中所看到的點點星光，每
一點都是一個好像我們的太陽一般、可以自行發光發熱的
「恆星」（stars）。其中不少較我們的太陽還要光亮、熾熱
和龐大得多。只不過它們離我們實在太過遙遠，所以看起
來都只是一些微弱的光點。

參宿四

就以「獵戶座」（Orion）中的「參宿四」（Betelgeuse）為例，它的體積便較我們的太陽大很多很多。如果把它放到太陽系之內，水星、金星、地球、火星、小行星帶甚至木星，也會被它龐大的身軀所吞噬！

「哪些是太陽系的鄰居？」

　　「參宿四」這顆星大家可能比較陌生。讓我們看看「天狼」、「牛郎」和「織女」這幾顆相信大家都聽過的星星吧。

　　位於「大犬座」（Canis Major）的「天狼星」（Sirius）離我們 8.6 光年，位於「天鷹座」（Aquila）的「牛郎星」（Altair）離我們 17 光年，而位於「天琴座（Lyra）的「織女星」（Vega），則離我們 25 光年。

▼ 天狼、牛郎、織女是太陽系的近鄰，但其實已經很遙遠了。

▼ 天狼星離我們 **8.6** 光年。

在茫茫的太空中，「天狼」、「牛郎」和「織女」都只是我們的近鄰。著名的「七姊妹星團」（Pleiades）離我們 400 光年、「蟹狀星雲」（Crab Nebula）離我們 6,500 光年，而「武仙座」（Hercules）的 M13 球狀大星團，則離我們達 22,000 光年之遙。

在此我想帶出一個有趣的角度，那便是每當我們望向一個璀璨的夜空時，我們實在面對著一個龐大的時光機。為甚麼這樣說呢？因為透過了不同的星光，我們正窺探著宇宙在過去不同時刻的不同面貌。至於宇宙在這一刻的面貌是怎樣的，對不起，我們將永遠沒法知道。

▼牛郎星

▼牛郎星離我們 **17** 光年。

▼織女星

▼織女星離我們 **25** 光年。

「銀河系有多大？」

但請大家不要氣餒，因為我們現時所知的，已經令我們激動振奮不已。天文學家指出，除了「仙女座」（Andromeda）的 M31 大星系和大、小麥哲倫星雲外，我們在夜空中所看見的所有星體，都屬於同一個恆星系統。這個龐大的系統便是「銀河系」（Milky Way Galaxy）。

「銀河系」有多大呢？首先讓我們看看它的形狀，它活像我們在運動會上所見的擲鐵餅項目所用的鐵餅，是一個中心較厚而周邊較薄的圓形系統。它中心最厚之處約為 5 萬光年，而整個系統的直徑則為 10 萬光年。

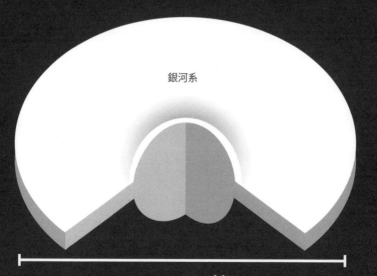

▼ 銀河系中心最厚之處
約為 **5 萬**光年。

銀河系

銀河系

▲ 銀河系整個系統的直徑則為 **10 萬**光年。

「銀河系有多遠？」

10 萬光年是個甚麼概念呢？好！讓我們假設在「銀河系」的最外圍的一端出現了一個高等智慧族類，並發展出高科技文明。他們覺得很是孤獨，於是想找出宇宙中還有沒有其他的高等智慧族類。他們透過無線電發出一個呼喚的訊號，這個訊號於是以光速向四方八面不斷擴展。

如今假設在「銀河系」的另一端剛好也住著一個高等智慧族類（例如我們），他們於某一天收到這個令人雀躍的呼喚，並立刻以無線電作出回答：「嗨！很高興知道你們存在！我們做個朋友吧！」

如今的問題是，原先發出訊號的智慧族類，最少要等待多久才會收到這個回覆呢？

聰明的你應已猜著吧。不錯，最先發出的訊號要跨越「銀河系」的直徑需時 10 萬年，而回覆的訊號再跨越「銀河系」的直徑又要 10 萬年。也就是說，即使中間沒有半點延誤，原先發出訊號的那個族類也要等上 20 萬年才會收到回覆。「銀河系」之浩瀚由此可見一斑。

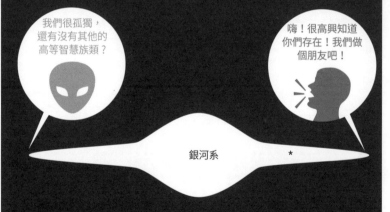

▼外星人從銀河系一端發訊息，另一端的外星人收到訊息，中間來回需經歷 **20** 萬年。

我們很孤獨，還有沒有其他的高等智慧族類？

嗨！很高興知道你們存在！我們做個朋友吧！

銀河系

*

留意：我們身處的太陽系既不處於銀河中心也不處於邊緣的位置，而是上圖中 * 所在的地方（離銀行中心 3 萬光年，離邊緣 2 萬光年）。

「銀河系包含了多少星體？」

　　夜空中看似無窮無盡的璀璨繁星，基本上都屬於同一個天體系統。這個系統便是我們所身處的銀河系。

　　除了龐大之外，「銀河系」究竟包含了多少星體呢？由於受到星際塵埃的遮擋，我們無法絕對準確地進行測量，但按照天文學家的估計，「恆星」的總數應在 2,000 億至 3,000 億之間。

　　自從「2008 年金融海嘯」以來，各國政府都推出千億甚至萬億元的「救市」計劃，以至我們認為這樣的數目算

不了甚麼。這當然大錯特錯。就拿 1,000 億為例。假設我們將 1,000 億顆「恆星」（可想像為千億個太陽）變成為 1,000 億個七彩繽紛的復活蛋，並且命令一個不吃不喝、不眠不休的「小露寶」機械人以 1 秒一隻的速度拾取。你猜這個機械人會於甚麼時候才能把復活蛋拾光？

1 年、10 年、100 年？都錯了！是 3,200 年後！如果「銀河系」真有 3,000 億顆「恆星」，那麼這個可憐的機械人一秒一顆也要花上近 1 萬年才可完成它的工作。

想像一顆恆星等如一顆復活蛋，要是有 1,000 億個的話，「小露寶」機械人以 1 秒一顆的速度拾取，要 **3,200** 年。

「銀河系 =/= 整個宇宙？」

直至 20 世紀初，天文學家仍然以為「銀河系」便是整個宇宙。接著下來的 30 年，我們對宇宙的認識起了翻天覆地的變化。

首先，我們發現「銀河系」原來只是宇宙中無數星系中的一個。宇宙中還有多若恆河沙數的其他星系，其中一些比我們的「銀河系」還要龐大得多。就以離我們最近的、我們方才提過的「仙女座大星系」（Andromeda Galaxy）為例，它的直徑便較「銀河系」大 50%，而包含的「恆星」數目則達 1 萬億之多！

這兒順帶一提的是，「仙女座大星系」是人類肉眼所能看到的最遠星體。它跟我們的距離達 250 萬光年。也就是說，我們見到它時，落到我們視網膜上的光線，早於 250 萬光年前便已離開這個星系。在那個時候，人類的遠祖仍在茹毛飲血的階段呢！

仙女座大星系

▲仙女座大星系的
直徑便較銀河系的大 **50%**。

▶它跟我們的距離達 **250** 萬光年。

銀河系

「星系正在遠離銀河系？」

讓我們回到有若恆河沙數的星系之上。上世紀 20 年代，天文學家在研究這些星系的「光譜」（spectrum）時，進一步發現了絕大部分的星系都在遠離我們的「銀河系」！

難道我們的「銀河系」爆發了甚麼重大的宇宙瘟疫？

你也許會戲劇性地這麼想。非也！原來這個現象的由來，是整個宇宙（嚴格來說是整個時空）正在膨脹之中！最先確立這個驚人事實的科學家是愛德溫 · 哈勃（Edwin Hubble），如今在太空中運行的「哈勃太空望遠鏡」，正是以他命名的。

◀哈勃透過望遠鏡發現宇宙正在膨脹。

大爆炸發生前，沒有空間和時間。

「宇宙發生了大爆炸？」

從宇宙膨脹這個事實出發，科學家很快便提出了宇宙可能源自一趟大爆炸這個觀點。到了 20 世紀下半葉，眾多強而有力的證據已令這個「大爆炸宇宙論」（Big Bang Theory）從理論的層面，提升到廣被科學界接受的一個事實。

科學家的研究顯示，無論是物質、能量，甚至是空間和時間，都是在 138 億年前的一趟大爆炸中誕生的。也就是說，在爆炸之前，空間並不存在，時間也不存在。不要問我這是甚麼意思，因為這已超乎人類的理解與想像，我相信沒有人能夠完全解釋清楚。著名物理學家霍金（Stephen Hawking）在《時間簡史》（*A Brief History of Time*）中用了地球的北極作比喻：我們能否找到比北極「更北」的地方？答案是不可以。同理，我們能否找到比大爆炸那一刻更早的時刻？答案也是不可以。

「銀河系的年齡有多大？」

科學家雖然無法探究大爆炸發生的那一刻究竟如何，卻已能夠直迫創世的那一瞬間，分析爆炸後兆兆兆分之一秒時的狀況。在那天地初開的剎那，宇宙的溫度、密度和壓力都接近無限大，但體積卻比一個針尖甚至一顆原子的體積還要小億兆倍。

▼ 天地初開的剎那，宇宙的溫度、密度和壓力都接近無限大，但體積卻比一個針尖甚至一顆原子的體積還要小億兆倍。

▶ 最早的星系推斷於大爆炸後數千萬年開始形成。

爆炸後頭三分鐘是最重要的 ── 雖然我們現時所認知
的宇宙，在那時仍然只約等於一個西瓜那般大。這是因為
組成一切物質的單元：「質子」、「中子」、「電子」等基
本粒子，在那時已經形成，並結合成為「氫」（hydrogen）
和「氦」（helium）等最基本的元素。隨著宇宙不斷的膨
脹和冷卻，這些物質終於透過萬有引力的作用而互相靠攏
凝聚，經過了億萬年後，最終形成了「星系」和「恆星」
這些天體。

按照科學家的推斷，最早的「星系」可能於大爆炸後
數千萬年開始形成。但至於我們身處的「銀河系」，形成
的時間卻晚得多。因為按照天文學家的研究，「銀河系」
的年齡只有約 100 億年。而至於我們的太陽，其時齡則更
短，約只有 46 億年左右。

▶銀河系約 **100** 億年。

▶太陽系約 **46** 億年。

「人類是星辰的兒女？」

這兒必須指出的是，宇宙誕生之初，形成的元素便只有氫、氦和極少量幾種較簡單的元素。如今組成我們身體的如碳、氮、氧、硫、磷、鈣等都並不存在。科學家的研究指出，這些較複雜的元素，都是在「恆星」的內部透過「熱核反應」（thermonuclear reactions）所逐步聚合而成。

其中一些「恆星」在演化晚期發生極其猛烈的爆炸（超新星爆發），於是把這些元素散布到太空之中。太空中的這些彌漫物質（可稱為「星塵」）後來因為萬有引力的作用再次積聚，最終形成新一代的「恆星」。這些「恆星」內部的「核子反應」，遂進一步製造出更多更複雜的元素。

▶人類和太陽一樣，都是由「星塵」所組成。

按照天文學家的推斷，我們的太陽至少屬「第三代恆星」，也就是說，組成它的物質，至少來自早兩代「恆星」爆炸後的殘骸。大家可能從沒想過，宇宙原來是「這麼遠、那麼近」，我們都是由「星塵」所組成。換句話說，我們都是不折不扣的「星辰的兒女」。

知多一點點

四種基本力

　　每一刻，宇宙各處都充滿著複雜紛紜的變化。但大家有沒有想過，這些變化都必靠「能量」（energy）的驅動？如果這個宇宙只有「物質」（matter）而沒有「能量」，那便半點事情也不會發生。這種絕對死寂的宇宙，「存在」與「不存在」基本上沒有分別。

　　那麼「能量」是甚麼東西？稍為接觸過物理學的朋友，都應該聽過「萬有引力」和「聲、光、電、熱」這些主要的「能量」形式，並且知道「電」和「磁」乃密切相連；而學過一點兒化學的朋友，都知道所謂化學反應，主要是「分子」和「原子」的「化學鍵」（chemical bonds）之間的相互作用所致。20 世紀的一項重大科學成就，便是揭露了在這些眾多的「能量」形式背後，原來都只是四種「基本力」（basic forces）所起的作用。

　　這四種「基本力」是甚麼？第一種是方才提到的「萬有引力」（gravitational force，簡稱「重力」gravity），它是宏觀尺度上主宰宇宙運行（如星系、恆星、行星的運動）的作用力，也是影響我們日常生活一種「舉足輕重」（由跑步到建設摩天大廈）的力量。

第二種是「電磁力」（electromagnetic force），它是「聲、光、電、熱、磁」以及所有化學「能量」（包括燃燒和化學爆炸）等的「能量」總源頭。光合作用和動物攝食所獲取的「能量」也源於此。

第三和第四種力是我們比較陌生的，一來它們在上世紀才被科學家正式發現，二來它們在日常生活裡好像沒有起著甚麼重要作用。但事實上，這兩種被稱為「強核力」（strong nuclear force）和「弱核力」（weak nuclear force）的基本力，是物質形成和演化所不可或缺的。

首先，我們在「物質的構成為何？」一文看過，「原子核」乃由「質子」和「中子」所組成。當時沒有指出的是，「質子」是帶「正電荷」（positive electric charge）的，所以按照「電磁作用」的「同性相斥」的原理，它們不可能緊密起擠在一起組成穩定的「原子核」。在此起著凝聚和穩定作用的，正是「強核力」。

　　另一方面，兩類十分重要的「核子反應」，就是「核裂變」和「核聚變」，而「弱核力」正是令這兩種變化得以出現的基本作用力。也就是說，沒有「弱核力」，太陽和所有星辰都不會照耀，而生命也不可能出現。

　　兩種核作用力之所以沒有在日常生活顯現，是因為兩者的作用距離都極短，主要局限於「原子」的內部。相反，「重力」和「電磁力」的作用雖會愈遠愈弱，但涵蓋的範圍卻是無遠弗屆。

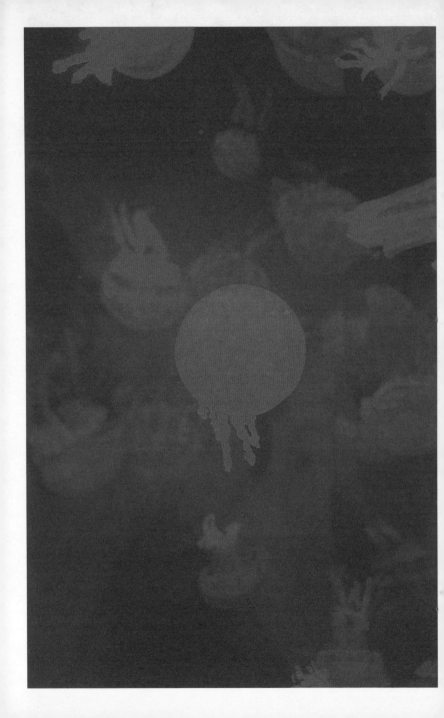

第 3 部

生命簡史

恐龍稱霸地球達 1 億 4,000 萬年之久。相比起人類那數百萬年的歷史，恐龍的歷史是人類的 20 倍之多。除非我們能夠延續多 1 億年以上，否則我們根本沒有資格嘲笑恐龍。

「生命從何開始？」

好了，現在讓我們再次回到我們的家鄉：地球之上。

地球和太陽差不多同一時間形成，所以也差不多有 46 億歲。形成初期表面環境十分惡劣（火山活動和天體撞擊頻繁），因此不可能有生命存在。

但隨著表面冷卻環境穩定下來，分子水平的「物質演化」（molecular evolution）不斷由簡而繁，最後形成了可以自我複製自我延續的系統——生命就這樣誕生了。

科學家從地層中找到最古老的生命遺跡有 38 億年之久。但在一段十分漫長的歲月，生命的演化都只是停留在單細胞的階段。

◀生命初頭只是一粒單細胞。

紫外線

「有氧呼吸是進化而成的？」

　　20 多億年前，在單細胞階段期間，發生了一件重大事件——一些細菌開始透過「葉綠體」（chloroplast）自我製造食物。「光合作用」（photosynthesis）的出現逐步改變了大氣層的化學構成，原本沒有氧氣的大氣層開始出現大量的游離氧氣，大量無法適應這種「高度腐蝕性」氣體的生物紛紛死亡。然而，所謂「禍兮福所倚，福兮禍所伏」，一些生物在危難下發展出「有氧呼吸」（aerobic respiration），不但能夠倖免於難，而且還變得更有活力。

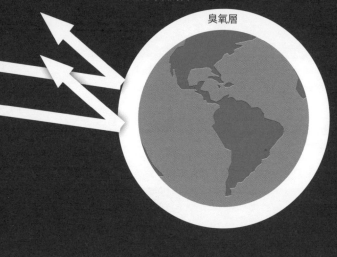

▶地球外圍有臭氧層保護，阻隔大量紫外線，令地面生物可以成長。

臭氧層

部分氧氣在大氣高層受太陽照射而變成「臭氧」，而「臭氧層（ozone layer）的形成則阻隔了大量有害的紫外線，令地面的生物能夠向更複雜的方向發展。終於，在距今5億4千萬年左右，大量的多細胞生物在世界各地出現，其中有甲殼護體的生物更留下了大量的化石。

按照地質學的年代劃分，科學家稱這次變化為「寒武紀大爆炸」或「寒武紀大興盛」（Cambrian Explosion）。最為有趣的一點是，這段時期出現的不少生物基本型態結構，都是生物學家從來未有見過的。簡單的結論是，這些「另類結構」的生物在往後的演化歷程中被淘汰了，所以沒有後代留存下來。

知多一點點

怎知發生了多久？

　　科學家告訴我們——北京猿人在 50 萬年前已經懂得用火、6 千 5 百萬年前一顆小行星猛烈撞向地球導致恐龍的滅絕、部分魚類約於 4 億多年前移居陸地成為兩棲類生物、地球形成至今已有 46 億年、宇宙約於 138 億年前形成……然而，我們究竟如何得悉這些遠古的事情是何時發生的呢？

　　以往，科學家只能以出土文物和生物化石在地層裡的位置（也包括它們的形態）來判斷它們的年代，例如：一件器皿屬於漢朝還是周朝、或一種古生物是屬於中生代還

是古生代等。但這種方法只能給出時代上的先後次序,而無法給出確切的年齡,所以被稱為「相對鑑齡法」(relative dating methods)。

由於樹木的年輪和湖底的沙泥沉積往往記載了周年的季節性變化,科學家亦很早嘗試發展出「樹木鑑齡法」(dendrochronology)和「沉積鑑齡法」(varve chronology)等「絕對鑑齡法」(absolute dating methods)。但前者能夠應用的年代很有限,後者則因為環境多變而有欠準確,「絕對鑑齡法」的發展,還有待人類發現「放射性衰變」(radioactive decay)之後。

原來在自然界,不少較重的元素(如「鈾」[uranium])並不穩定,會不斷釋放能量和一些粒子,從而衰變成一些較輕的元素(如「鉛」)。即使是一些較輕的元素,也有一些不穩定而不斷衰變的「同位素」(isotope),例如一

般的「碳 -12」（「原子核」由 6 顆「質子」和 6 顆「中子」組成）是穩定的，但「同位素碳 -14」（「原子核」由 6 顆「質子」和 8 顆「中子」組成）則具有放射性。

這些「放射性衰變」有一個特點，就是會於同一段時間內，有一個固定比例的「原子」出現「衰變」。如果這個比例是一半，這段時間稱為「半衰期」（half-life），例如「鈾 -235」的半衰期是 7 億年、「鈾 -238」的半衰期是 45 億年、「碳 -14」的半衰期是 5,700 年等。

就是這樣，科學家透過了在岩層、化石或文物中的「母核素」（parent nuclide）〔即會發生衰變的元素，如「鈾 -235」或「碳 -14」〕和「子核素」（daughter nuclide）〔即衰變後的產物，對應以上的例子是「釷 -231」和「氮 -14」〕之間的比例，便可計算出有關事物的年齡。一個簡單的例子是，如果岩層中的「鈾 -235」和「釷 -231」

的「母、子」比例剛好是 1:1，則岩層形成至今便是 7 億年。

在天文學和宇宙學中，科學家還可應用其他的手段。按照「恆星演化」的理論，天文學家可以推算出一顆「恆星」形成至今的時間，而類似的推算也可應用於星系甚至「星系團」（galactic clusters）之上。

此外，「哈勃定律」告訴我們，星系的「後退速度」（反映在它們的「光譜紅移」大小之上）與它們跟我們的距離成正比，這不單可以讓我們可以計算出遙遠星系的距離，也可為這些星系的年齡定出下限。道理很簡單，假設我們算出一個星系離我們 80 億光年，那麼它形成至少已有 80 億光年，否則它的光線不可能跨越 80 億光年而被我們觀測到。

「魚類曾經統治世界？」

最初的生命都是水棲的，最有可能的一個發源地是沿海的「潮汐窪沼」（tidal ponds），然後則遍布海洋與江河湖泊。5 億至 4 億年前左右的世界，是一個「由魚類統治的世界」（Age Of Fish）。

最早出現於陸地的生命，是約為 5 億年前的一些單細胞生物。但各類型生物（植物、蠕蟲、昆蟲及我們最為關心的脊椎動物）較為大規模的「登陸」行動，則是 4 億年多一點的事情。

大家有見過懂得用前鰭在陸地上爬行的彈塗魚嗎？科學家相信，最先登陸的脊椎動物，極有可能就是一些酷似彈塗魚的魚類。

▶魚從大海發展到陸地生活。

「青蛙是由魚進化而成？」

脊椎動物由水棲到陸棲必然經歷了一段頗長的時期，因為即使到了今天，一種過渡性形態的生物仍然到處可見。聰明的你當然已經猜到。牠便是水、陸兩棲的「兩棲動物」（amphibians），而我們最熟悉的當然便是青蛙。

青蛙的交配、產卵、授精和胚胎發育，都必須在水中進行，但到了成年階段，則可以脫離水的環境而在乾旱的陸地生活。

大家有養過蝌蚪嗎？相信任何養過的人都會感到生命的奇妙。小小的蝌蚪最初跟一尾小魚沒有分別，但日漸長大期間卻會生出四肢，而尾巴則日漸縮小直至消失。

看！一條魚於是變成了一頭青蛙！

「蛋，是爬行動物進化的『發明』？」

按照古生物學家的研究，雖然「兩棲動物」十分成功並一直演化至今（今天地球上至少有 6,000 個品種），但在 3 億 2,000 萬年前左右，其中一些「兩棲動物」則進一步演化成為了「爬行動物」（reptiles）。大家當然知道龜、蛇、蜥蜴和鱷魚等都屬爬行動物，但大家知道牠們的繁殖方式跟兩棲動物的主要分別在哪裡嗎？

「爬行動物」之所以能夠完全擺脫水棲的環境，完全因為繁殖上的一個「偉大發明」──蛋。大家可能從來沒有想過，蛋之為物，是把受精卵及至胚胎發育時所需要的濕潤

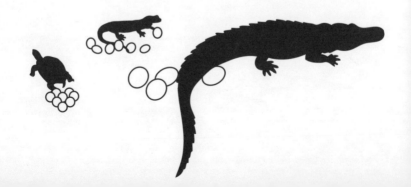

環境（以及所需的養分），複製於一個受到硬殼保護的空間之內。正因為這樣，「爬行動物」才可完全擺脫繁殖時對水的依賴，而進一步征服乾旱的大地。

　　大約到了 2 億 3,000 萬年前，「爬行動物」的一個分支發展成為一個十分成功的族類。這個族類品種極其繁多，其中一些的體形更不斷增大而成為當時地球上最龐大的巨無霸。牠們充斥於地球上每一個角落，由陸地、天空、江河、湖泊以至海洋都有牠們的蹤影。不用說大家也經已猜到了，牠們當然便是大家耳熟能詳的恐龍（dinosaurs）。

知多一點點

雞與蛋的困惑

　　相信很多人都曾經被「先有雞？還是先有蛋？」這個問題所困惑。的確，沒有雞，又何來有蛋？但另一方面，沒有蛋，又何來有雞？分析下來，無論我們選擇哪一個答案，都會碰到因果循環的邏輯悖論。

　　正如不少「千古之謎」一樣，正確的答案要求我們跳出問題預設的框框。就「雞與蛋」這個問題，原來最先存在的「雞」不是雞，而最先存在的「蛋」也不是蛋！

此話何解？科學家的研究顯示，我們現時所認識的家禽如雞、鵝、鴨等，都是古代人類從野生的品種慢慢「馴化」、「篩選」、「配種」和「強化」而來的。就今天的「家雞」而言，牠的前身是「野雞」，這便正如家犬的前身是狼、家貓的前身是山貓、家豬的前身是野豬一樣。

當然，喜歡「打爛沙盆問到底」的人（包括筆者）不會就此滿足。我們即使接受了「最先存在的雞是其實是野雞」這個事實，我們仍然可以追問：「那麼世上究竟先有野雞？還是先有野雞蛋呢？」問題似乎又回到了起點。

於此，古生物學的研究給出了一個更令人詫異的答案—野雞的遠祖不但不是野雞，而是根本不是鳥類的恐龍！科學家指出，從某一個角度看，恐龍並沒有徹底滅絕，因為今天所有的鳥類，乃是由浩劫餘生的一族恐龍演化而成的。

　　「雞與蛋」的問題現在已變成了一個生物演化的問題。
本書的正文指出，恐龍這種爬行類乃由「兩棲動物」演化
而來，而「兩棲動物」則由魚類演變而來；再向上追溯，
魚類來自更古老的無脊椎動物，而這些動物最終可追溯至
最原始的單細胞生命。

　　如今的問題已變成：「生命從何而來？」在一方面，
科學界已經普遍認同，最初的生命乃由無生命的物質逐步
演變而成；但在另一方面，我們卻再次碰到一個近似「雞
與蛋」的困惑。這是因為生命兩大構成物質是「蛋白質」
和「DNA」，而在今天，「蛋白質」的合成必須有賴「DNA」
的引導，而「DNA」的合成則有賴「蛋白質」的催化，那
麼世上究竟是先有「蛋白質」還是先有「DNA」呢？

經過了大半個世紀的深入研究，今天的科學家大致認為，在這種因果循環未完全建立之前，一種叫「核糖核酸」（Ribonucleic acid，RNA）的物質起了關鍵的橋樑作用，所以這個「原始雞與蛋」的悖論已被化解。然而，箇中的細節怎樣，仍然有待進一步的釐清。

「恐龍為何會絕種？」

今天我們知道，恐龍的滅絕實乃「非戰之罪」。殺死恐龍的元兇，是一顆直徑只有 10 公里左右的「小行星」（asteroid）。不要小看這顆較香港島還要細小的「太空炮彈」，因為按照科學家的推斷，它於 6,500 萬年前的某一天撞向地球時，速度是音速的 50 倍，而撞擊時的威力，是現時全世界核子武器威力總和的 1,000 倍！

撞擊不但導致山崩地裂，也引發了驚人的地震、海嘯、火山爆發、森林大火和酸雨等災難。而最為致命的，相信是撞擊時揚起的沙塵、火山噴發出的灰燼、以及森林大火所產生的煙灰。所有這些物質都會產生同一個效果，就是將陽光阻隔而令大地陷入一片昏暗之中。

科學家的研究更顯示，一部分的物質可能進入大氣高層，即「對流層」（troposphere）以上的「平流層」（stratosphere），並在那兒停留一段頗長的時間。也就是說，這種不見天日的情況可能維持了數年之久。

陽光的阻隔，令植物無法進行「光合作用」而大批死亡。不用說，無論是素食或肉食的動物，亦會因此而難逃厄運。

事實上，這次大碰撞令地球上超過 80% 的物質滅絕了，科學家稱之為「白堊紀大災難」（Cretaceous Catastrophe）。

「恐龍之後，
是哺乳動物的時代？」

　　對於早已出現的原始哺乳動物來說，「白堊紀大災難」卻是一個莫大的契機。恐龍的滅絕為這些劫後餘生的動物提供了一個遼闊的演化舞台，地球於是進入了「哺乳動物時代」（The Aga of Mammals）。

　　6,500 萬年的演化，產生了大量稀奇古怪但今天已不復存在的「哺乳動物」（如南美洲的巨型樹懶）。但其中一趟古怪的演化歷程，其後裔卻留存至今。牠們便是約

於 5,000 萬年前從陸地回到水裡居住的鯨類（大家有否留意其中包括的「海豚」，中文的意思正是「海中的豬」嗎？當然古人不懂進化論，這應是有趣的巧合）。相信大家都知道「鯨魚」這個名稱是完全錯的，因為牠們不是魚類，而是不折不扣的「哺乳動物」。

對於我們來說，最重要的一種「哺乳動物」必然是「靈長目」（primate）動物。（「目」（order）是生物學所用的一個生物分類等級。其他的「目」包括「食肉目」、「食蟲目」、「齧齒目」等。）這種動物包括了我們所熟悉的猴子、猿類、人類以及牠們的直系祖先。牠們還包括了現時主要生活在馬達加斯加島（Madagasca）上的各種「狐猴」（lemurs）。研究顯示，這些「狐猴」與原始的「靈長目」生物最為近似。

▶我不是魚，是哺乳動物！

「人類的祖先是猿還是猴？」

大家知道猿和猴是如何分辨的嗎？一個最簡單的分辨特徵是——猴擁有尾巴，而猿是沒有尾巴的。

粗略來說，猿類可被分為「大猿類」（great apes）和「較小的猿類」（lesser apes）。後者的代表是各種的長臂猿。至於前者，現存的有品種有五個——「大猩猩」（gorilla）、「黑猩猩」（chimpanzee）、「倭猩猩」（bonobo apes）、「褐猩猩」（orang-utang）和「人類」（homo sapiens）。（留意在發現之初，「倭猩猩」曾被歸類為「黑猩猩」的一種，只是在上世紀下半葉才被確立為另外一種「大猿類」。）

科學家對「靈長目」生物的演化已經作出了甚為深入的研究，研究的手段既包括了化石也包括分子生物學的證據。證據顯示，「褐猩猩」的祖先與其他猿類的祖先分支得最早，時間約為 1,500 萬年左右；其次是「大猩猩」，分支時間約為 800 萬年前。至於「黑猩猩」與「倭猩猩」在進化上與人類最為親密（彼此的基因差異不足 2%），彼此的祖先約於 700 萬年前才分道揚鑣。

「猴類」　　　　　　「大猿類」

大猩猩

猴

黑猩猩

倭猩猩

褐猩猩

人類

知多一點點

北京人是龍的祖先？

自從達爾文（Charles Darwin）於 1859 年發表《物種始源》（Origin of Species）這本鉅著以來，人們很快便想到─既然所有生物都是通過演化而變成今天的樣子，那麼人類也不應例外。

1871 年，達氏在另一部著作《人的世系》（*The Descent of Man*）裡正式探討這個極具爭議的課題，並且提出了一個精闢的見解─由於「大猿類」（great apes）如「黑猩猩」、「大猩猩」等與人類最為相似，所以牠們在演化上應與我們最親近，而人類的遠祖的化石，應該可

於非洲找到，而且必然具有不少猿類的特徵。「猿人」
（ape-man）這個概念由此不脛而走。

其實早於 1856 年，科學家便已於德國發現了一種古
人類的化石。這種被稱為「尼安德特人」（Neanderthal
Man，簡稱「尼人」）的古人類距今約十萬年，形態上
與現代人有明顯的分別。但在追尋人類遠祖的道路上，
這個發展很快便被 1924 年在南非發現的「南方古猿」
（Australopithecus）所掩蓋，這是因為這種古猿的年代，
較「尼安德特人」大上十倍有多。

令人驚訝的發現接踵而來。在 1923 至 1927 年間，科
學家在北京周口店附近發現了另一種古人類的骸骨。這種
被稱為「北京猿人」（Peking Man，又簡稱「北京人」）
的古人類距今約 50 萬年（即處於「南方古猿」與「尼人」
之間）。而按照周遭的遺蹟，他們當時已經懂得用火，亦
即已經遠離禽獸之類而踏上智慧之路。

一直以來，中國的古人類學家都把「北京人」（正確的學名是「直立人北京種」，Homo erectus pekinensis）看作為中國人（華夏族）的遠祖（傳統常說中國人是「龍的傳人」，那麼「北京人」不就是「龍的祖先」？！）。

然而，到了上世紀末，這個觀點受到了巨大的挑戰。挑戰並非來自新的化石發現，而是來自最新的基因分析技術。

原來按照這種分析發展出來的「分子演化鐘」（molecular evolutionary clock），科學家可以透過某些同類型基因所累積的遺傳變異，計算出不同物種由「同源」至「分支」至獨立演化至不同階段的時間間距。正是透過

這種探究手段，一些科學家指出，「現代人類」（學名 Homo sapiens）的共同祖先，乃於 15 至 20 萬年前左右，才從東非洲崛起，然後逐漸遷移和散布至全世界。

按此推論，50 萬年前生活於周口店的北京人不可能是中國人的祖先。它只是一族沒有留下後代的、滅絕了的人類旁支罷了。

有好一段時間，中國的古人類學家對這個理論極其抗拒，並堅持「北京人」作為「龍的祖先」的地位。但踏進廿一世紀，隨著「分子鐘」地位的確立，新理論已被廣為接受。（即使這樣，下次大家前往北京，可千萬不要錯過探訪位於周口店的「北京人」遺址呢。）

「200 萬年以來，人類如何演化？」

約15萬年前，現代人（Homo sapiens）的直系祖先才開始離開非洲。

約50萬年前，一種叫「直立人」（Homo erectus）的古人類開始懂得用火。

約200萬年前，一種叫「能人」（Homo habilis）的古人類開始懂得製造大量石器工具。

約30年前建立起連接世界的互聯網。

約60年前進入太空。

約150年前開始懂得用電（電氣化時代）。

約230年前發明蒸汽機（工業革命）。

約500年前實現環球旅行。

約6000年前，我們發明了文字並開始進入使用金屬的年代（青銅時代）。

約1萬多年前，人類開始懂得農耕並進行定居（農業革命）。

「甚麼是宇宙年曆？」

對於只有數十年壽命及數千年歷史記載的人類而言，宇宙演化所涉及的漫長時間，實在遠遠超乎我們的理解與想像。為了讓我們較好地領略演化所需的時間，有人想出了「宇宙年曆」（cosmic calendar）這個精彩的表達方法。

我們若把宇宙的歷史壓縮成為一年，那麼在這個「宇宙年曆」之中，宇宙誕生的一刻（大爆炸）是元旦日的 0 時 0 分 0 秒，而我們身處的這一刻，則是 12 月 31 日的子夜 12 時正。

好了，現在讓我們看看宇宙演化其間的各個里程碑。早於 1 月中旬，最古老的「星系」和「恆星」陸續形成。相比起來，我們的「銀河系」是一個遲來者，因為它的形成時間約為 5 月 11 日。我們身處的「太陽系」則形成得更晚，要到 9 月 1 日左右才出現。而地球也大約於那個時間形成。

地球上最古老的生命，約於 9 月 21 日出現。「光合作用」的起源是 10 月 12 日、「大氣層」中的「氧氣」顯著增加是 10 月 29 日左右。

　　說起來令人難以至信 —— 多細胞生物的出現，已經把我們帶到這一年的最後一個月！方才提到的「寒武紀大爆發」是 12 中旬的事情。「魚類」興盛始於 12 月 18 日，「兩棲類」的出現是 12 月 22 日，而「爬行類」的出現則是一日後的 12 月 23 日。

　　「恐龍」統治地球差不多 1 億 5,000 萬年，在這個「年曆」中，這段時間只是由聖誕節的 12 月 25 日延伸至 12 月 30 日。往後的一日大除夕的 12 月 31 日，迎來了現代各種「猿類」的祖先。而「人類」祖先的出現，則已是當天下午 2 時多之後的事情。

　　「人類」懂得大量製造石器工具是大除夕晚 10 時半，懂得用火是 11 時 44 分，而進入農業社會則只是最後的 1 分鐘即 11 時 59 分 32 秒的事情。

　　中國的漢、唐時期與西方的羅馬帝國出現於 11 時 59 分 55 秒，鄭和下西洋與哥倫布無意間抵達北美洲是 59 分 58 秒，而工業革命的出現是 59 分 59 秒。也就是說，我們現時所熟悉的近代和現代文明，存在的總時間還不足一秒鐘。

「人類真的要渺小得自卑嗎？」

有人曾經作過一個這樣的比喻——

如果我們把雙臂張開以代表宇宙的時間跨度，則我們只要拿出一個小小的指甲銼，並在代表「這一刻」的中指指端的指甲上輕輕一銼，那麼人類的歷史將完全被刪掉。

情況已經十分清楚了，無論在空間上還是在時間上，人類都渺小得微不足道。

但這是否表示，我們應該感到極其自卑呢？

科學家不斷發明科技，了解宇宙。

我看大可不必。面對浩瀚的宇宙，我們的確應該感到謙卑，卻毋須感到自卑。前者是健康的心態但後者則不是。從某一角度來看，我們不但毋須自卑，更可以感到自豪。

　　為甚麼這樣說呢？

　　這是因為我們方才對宇宙的描述，都是透過我們的認知能力、思維能力，以及千百年來無數人努力不懈的科學探求所獲得的。請大家想想，以我們如此渺小的形體，卻可了解到億兆光年以外的事物，以及發生於鴻蒙湮遠的過去的事情，其令人驚訝的程度，不是與宇宙的壯偉不遑多讓嗎？

知多一點點

人類感官的局限

　　我們對世界的認識，必須透過感官所提供的資料。所謂「巧婦難為無米之炊」，沒有了這些「感官素材」（sensory inputs/data），就是最聰明睿智的人，也無法正確認識這個世界。

　　常謂的「五官」指我們的「視覺」、「聽覺」、「嗅覺」、「味覺」和「觸覺」。大家可能沒有想過，任何最先進最精密的科學儀器，它們所搜集得的資料，最後也得化作這五種感官的一種，才可被我們所感知和分析。

現代科學的研究顯示，比起引致我們「感官反應」的一系列物理現象，我們的感知範圍其實非常狹窄。先說「視覺」這個最重要的感官。引起「視覺」反應的「光」，本質上是一種「電磁輻射波」（electromagnetic wave），但這種波涵蓋的範圍卻遠比「可見光」的「紅、橙、黃、綠、青、藍、紫」大得多。在「紅」的一端，我們有「紅外線」、「微波」、「短波無線電」、「長波無線電」、「超長波無線電」等。在「紫」的一端，我們有「紫外線」、「X-射線」、「伽馬射線」等。無論以「波長」、「頻率」還是「能量」的延伸範圍看，「可見光」佔「電磁波譜」還不到萬分之一。對於以外的部分，我們跟瞎了眼沒有分別。

在「聽覺」方面，就是反應最敏銳的人，也只能感應到由每秒振盪 20 次到 2 萬次左右的聲波，對於振盪次數更少的「超低音」（subsonics）或更多的「超高音」（ultrasonics），我們是毫無知覺的。

　　至於「嗅覺」、「味覺」和「觸覺」，我們的感知範圍同樣非常有限，超越了這些範圍的話，我們一是毫無知覺，一是身體會受到嚴重損害甚至死亡。例子包括過高和過低的酸鹼度、溫度和氣壓等。

　　此外，對於「電場」（如物體帶有「正電荷」還是「負電荷」）和「磁場」（例如「地球磁場」的變動），我們更是無法感知。

　　動物的感官世界則往往較人類的豐富，例如鷹的視力較我們銳利、蜜蜂可以看到「紫外線」、不少蛇類感應到「紅外線」、犬隻和鯊魚的嗅覺比我們靈敏得多、大象和鯨可以聽到超低頻聲波、蝙蝠和海豚可則以聽見超高頻等。此外，電鰻不單可以放電進行攻擊，也可感應到「電磁場」的微細變化。大地震前夕往往出現的動物行為異常，正是因為這些動物感應到我們無法感應的環境變化。

　　面對人類感知的局限，我們固然應該感到謙卑；但另一方面，人類透過了好奇心、理性思維和生活實踐，而建造出眾多的科學探測儀器，已經令我們大大超越了這些局限，從而窺探到原子的內部以至億萬光年以外的太空。

　　我們對此，當然應該感到自豪。

第 4 部

從宇宙觀，
到人生觀

科學的探究揭示，人類的起源乃由較低等的動物演化而來，是把
人降低到動物的層面，看來這有損人類的尊嚴。你認同嗎？

「人類由低等生物進化，有損尊嚴嗎？」

我認為這種看法是錯誤的。我們不是常常說「英雄莫問出處」嗎？一個成熟的人不會介意自己出身寒微。相反，卑微的出身只會益發顯出他日後成就的可貴。

情況已經十分清楚了，人類是進化的產物，因此他的思想、感情、道德、信仰等也是進化的產物。荀子曾經說過：「水火有氣而無生，草木有生而無知，禽獸有知而無義；人有氣、有生、有知、亦且有義，故最為天下貴也。」這一說法固然沒錯，但一直以來，我們都以為「最為天下貴」的人類是先有道德價值，然後由價值影響觀念、再由觀念影響思想、最後思想再影響行為。殊不知真實的情況剛好相反。

真實的情況是——「進化邏輯」（隨機性基因變異如何影響生物個體的適應能力和子女數目）是因，「行為傾向」（例如亂倫禁忌傾向）的選擇與淘汰是果。對於禽獸

而言，這已是因果鏈的終結。但對於發展出高度自我意識
和高等思想與感情的人類而言，這種「行為傾向」會逐步
在感情上和思想上得到「內在化」和「合理化」，最後形
成了人類對各種事物的觀念。而這些觀念則進一步被提升
為各種「倫理道德」的價值。

也就是說，我們歷來對「道德」與「行為」的認識，
恰恰是將彼此的因果關係顛倒過來了。過往假設的因果走
向是：「價值 → 道德觀念 → 思想 → 行為傾向→ 行為結
果」，今天我們所得悉的因果走向則是：「行為結果 → 行
為傾向 → 思想 → 道德觀念 → 價值」。具體來說，我們是
「先有互助、故有互愛」，而並非「先有互愛、故有互助」。

把「生命」、「意識」、「情感」、「道德」貶低到物
質的層面，不是對人類高貴情操的一種褻瀆嗎？

我的回答是，科學探求不斷揭示造物的奧妙，它所帶
來的洞悉，是物質世界的演化如何逐步建構出奧妙無窮的
「生命」、「意識」、「情感」和「道德」世界。從這個角
度看，這一論述絕對不是一種褻瀆，而是一種謳歌。

「互助互愛」是人類最珍貴的特質，對於真正有智慧的
人來說，又何須分辨何者孰先、何者孰後呢？同樣道理，

「母愛是偉大的」和「母愛是進化的產物」之間，並不存在矛盾。所謂矛盾，只是智慧不足的人自尋煩惱罷了。筆者甚至會說，絕大部分人一天未能接受「母愛是偉大的」和「母愛是進化的產物」之間並不存在矛盾的話，人類作為一個智慧族類便一天未能離開孩童時代而成為一個睿智的族類。

不錯，人類的「喜」、「怒」、「哀」、「樂」皆是演化的產物，但這絲毫沒有減損它們的重要性。

愛因斯坦的一句名言是我十分喜愛的：「與大自然的深淼浩瀚相比起來，人類的科學和理性是十分膚淺、幼稚和有限的。然而，它卻是我們所擁有的最珍貴的東西。」

我欲借此名句來表達一個類似的觀點：「與大自然的深淼浩瀚相比起來，人類的喜怒哀樂是微不足道的。然而，它卻是我們擁有最珍貴的東西。」

與大自然的深淼浩瀚相比起來，人類的科學和理性是十分膚淺、幼稚和有限的。然而，它卻是我們所擁有的最珍貴的東西。

「外星智慧族類有可能存在嗎？」

我當時應該是剛剛升上中學吧。當我把宇宙中還存在著別的生命的可能性，以及達爾文的生物進化論結合起來，我得出了一個非常震撼的結論，那便是宇宙中極可能存在著一些在進化上比我們先進 10 萬年、100 萬年、1,000 萬年，甚至 1 億年的高等智慧族類！（不要忘記即使是 1 億年，也不過是宇宙歷史的 138 分之一。）這些超級生物將是怎樣的一回事，簡直想想便已令人暈眩。我記得當時在記事簿中寫下了這樣的一條方程式：

$$\frac{X}{人} = \frac{人}{螞蟻}$$

直至今天為止，我仍然認為這是人類所能構想得到的最為震撼的方程式。再極端一點，我們可以把右方分母的螞蟻改為病毒。

在天文學和生物學未發達之前，人們都以為人類是「造化的巔峰」（Crown of Creation），而 X 只能代表著各種宗教所信奉的神靈、上帝。

然而，生物演化的事實卻為我們帶來了另一種可能性。正如 500 萬年前、50 萬年前、甚至「只是」5 萬年前的人類祖先無法理解現代人類的物質創造和精神境界；5 萬年後、50 萬年後和 500 萬年後如果還有人類存在的話，他們的物質創造和精神境界顯然也會超出我們的理解範圍。也就是說，上述方程式中的 X 再也不限於「信則有、不信則無」的超自然神靈，而完全可以是演化過程下的自然產物。

當然，在現實的考量中，上述的可能性意義不大，除非我們能夠發明一種「超級人造冬眠」技術，讓我們一覺醒來便去到 500 萬甚至 5,000 萬年後，從而看看人類演化成怎麼樣子。

但如果人類不是茫茫宇宙中唯一的智慧族類的話，情況可變得大為不同！

這是因為，在別的太陽照耀下成長的生物，在演化上的階段既可較我們地球上的落後，卻也可以先進得多。不要忘記 100 萬甚至 1,000 萬年在宇宙的歷史上只是彈指之間，如果 1,000 萬年間人類已可由類似「狐猴」的生物演變成今天的我們，請大家想想，一個演化上比我們先進 1,000 萬年的智慧族類，對我們來說會是甚麼樣子？

　　而最為激動人心的是，載著上述「X 族類」的太空船，
理論上隨時可以在地球的上空出現！

　　對此我的心情十分矛盾。在一方面，我當然極其渴望
知道「X」會是甚麼樣子；可是另一方面，我卻很想人類真
的能夠透過自身的努力和奮鬥，擺脫所有劣根性和超越一
切紛爭，然後才以一個較成熟和有尊嚴的面貌，來迎接這
些擁有超級智慧的外星族類。

　　所以如果你問我：「你想在有生之年見到外星人嗎？」
我真的不知怎樣回答才好。

知多一點點

費米悖論的困惑

　　38 歲才從意大利移居美國的費米（Enrico Fermi），是 20 世紀著名的物理學家。世界上第一座「原子反應堆」，就是在他的領導之下建成並於 1942 年啟動的。1950 年的某天，他與同僚（都是著名的物理學家）閒聊間談到宇宙中存在其他「高等智慧生物」的可能性。共晉午膳時，他突然問道：「他們都在哪兒呢？」（"Where are they?"，另一記載則是："Where is everybody?"）就是如此簡單的一問，成為了過去大半世紀引起無數討論的「費米悖論」（Fermi's Paradox）。

　　費米所問的，當然不是「某些『外星人』現在身處何方？」的一個問題。他所指的，是宇宙乃如此的浩瀚，假

如「高等智慧族類」是一種物質和生命的自然演化結果，那麼即使牠們出現的或然率十分之低（例如 100 萬個「恆星系統」才可產生一個「智慧族類」），宇宙中也必然存在著極其眾多的這些族類。例如我們的「銀河系」有超過 1,000 億顆「恆星」，1,000 億除以 100 萬，則單是「銀河系」內便有超過 10 萬個這樣的族類。不要忘記的是，我們的「銀河系」，只是宇宙中有若恆河沙數的無數星系中的一個……

按照上述的推論，宇宙間應該充滿了高度發展的科技文明，而某些文明的發展水平，很可能比人類的高出很多倍而可遨遊宇宙。由於宇宙已經存在了這麼久，即使光速是星際航行的極限，這些文明亦應早已遍訪所有擁有「高等生命」的星球。如此看來，他們應該早已探訪過地球。既是如此，我們為何至今找不到這些探訪的痕跡？

再宏觀的一點看，為甚麼在歷經數百年而且愈來愈先進的天文觀察之中，我們都找不到這些先進的「地外文明」（extraterrestrial civilizations）的半點蛛絲馬跡呢？

　　這便是著名的「費米悖論」。多年來人們挖空心思嘗試解答這個悖論。答案大致可分為以下類別：

1. 「高等智慧」（可以自我觀照的心靈）是一個獨例，而人類是宇宙中唯一的「高等智慧」族類。（更極端的觀點是生命本身是個獨例；但即使生命在宇宙中十分普遍，「自覺的心」也可能只此一家。）

2. 「高等智慧」可能是物質演化的普遍結果，但人類剛巧是第一個達至「高等智慧」的族類。

3. 宇宙間其實充滿著眾多的「高等智慧」族類，但他們的科技都遠超人類，以至我們懵然不知，這便正如亞馬遜森林中的螞蟻，從來不知道世界上有人類的存在一樣。

4. 宇宙間其實充滿著眾多的「高等智慧」族類，但他們刻意不讓我們發覺，以免影響我們的成長。（電視劇集《Star Trek》中的「最高守則」（Prime Directive）概念。）

5. 同樣刻意不讓我們發覺，但他們的目的是（1）把我們當作野生動物般暗中觀察和研究（英文稱為 "The Zoo Hypothesis"），或是（2）間中捉我們當作「白老鼠」般做實驗，甚至當作佳餚美食。

6. 正因宇宙中有眾多兇殘邪惡的族類，所以其他僥倖未被消滅的族類都懂得明哲保身，盡量將自己隱藏起來。（科學家霍金（Stephen Hawking）的警告；也是中國著名科幻小說《三體》的假設。）

上述當然未有窮盡各種可能性。最發人深思的一個假設是—「高等智慧」原來是一個必然自毀的現象，因為高科技加上生物的劣根性，必然導致自相殘殺自我毀滅。所謂「天作孽，尤可恕；自作孽，不可活」，放眼今天紛亂的世界，誰敢說這假設不能成立呢？大量的證據顯示，如果我們不猛然醒覺改弦更張，人類的文明能夠延續至下一個世紀的機會實在微乎其微……

「宇宙觀和人生觀有沒有關係？」

在我來說，答案是肯定的。但我很難解釋那是一種怎樣的關係。有人說，學天文的人因為知道宇宙的浩瀚，所以眼界會較為開闊、胸襟會較為寬廣，這可能是一種關係。但讓我告訴你，並非只有天文學才有這樣的影響，所有關於大自然和人類世界的知識都會有這樣的效果。

讓我們回到本書開頭的「思考題」談及的「天有眼？」、「天無眼？」，以及答案與我們的生活取向是否相干的問題。老實說，我從來沒有打算為大家提供答案，因為我認為答案必須由每一個人自己作出。我只能說的是，即使你掌握了所有答案，你選擇做一個好人還是一個壞人，最終仍然是你的一念之別。退一大步說，你要開開心心的度過每一天，還是充滿抱怨和不滿度過每一天，也是你的一念之差。不錯，外在的因素固然會有所影響，但所謂「心隨境轉」還是「境隨心轉」，最終仍是一種內在的抉擇。

談到抉擇，曾獲諾貝爾獎的法國生物學家莫諾（Jacques Monod）說得好：「在宇宙冰冷和無盡空間裡，任何地方都沒有規定出人類的命運和義務。天國在上，地

獄在下，人類必須作出自己的抉擇。」

從晚清過度至民國的著名學者吳稚暉先生，曾經在 1923 年寫了一篇名為《一個新信仰的宇宙觀與人生觀》的文章，其中的一段我覺得十分精彩，借此跟大家一起分享：

「所謂人生，便是用手用腦的一種動物，輪到『宇宙大劇場』第億垓八京六兆五萬七千幕，正在那裡出台演唱。請作如是觀，便叫做人生觀。這個大劇場，是我們自己建築的。這一齣兩手動物的文明新劇，是我們自己編演的。並不是敷衍甚麼後台老板，貪圖趁機幾個工錢，乃是替自己盡著義務。倘若不賣力，不叫人『叫好』，反叫人『叫倒好』，也不過反對了自己的初願。

因為照這麼隨隨便便的敷衍，或者簡直跟跟蹌蹌的鬧笑話，不如早還守著『漆黑的一團』。何必輕易的變動，無聊的綿延，擔任演那兆兆兆兆幕，更提出新花樣，編這一幕的兩手動物呢？並且看客亦就是自己的眾兄弟們，他們也正自粉墨了登場。演得好不好，都沒有甚麼外行可欺。用得著自己騙自己嗎？」

既然不「隨隨便便的敷衍」，我們當然會問：「怎樣的生活取向才是最好的？」古哲先賢對此已提出不少偉大的洞見，我自己最有共鳴的是：

- 儒家的「積極奮進、已達達人」；

- 道家的「道法自然、率真豁達」；以及

- 佛家的「眾生平等、慈悲為懷、放下執著、活在當下」。

在此之上，我會加上：

★ 理性上的探究、辨識、了解；

★ 感性上的體會、關愛、欣賞；以及

★ 靈性上的開悟、圓融、脫拔。

可能說得過於深奧了。哲學家麥金泰爾（Alasdair MacIntyre）的一句妙語（其實也頗深奧）可能更簡單直接：

「美善的人生就是不懈地追求『美善人生』的人生。」（The good life for man is the life spent in seeking the good life for man.）

大家還記得本書開首那頭猿類動物的「異象」嗎？聰明的你至此可能已經猜著。我所描述的情景，其實是一位漂亮的女士坐在一間五星級大酒店的西餐廳，正在進食一塊五成熟的牛扒，並品味著一杯高級的法國紅酒。而放在她旁邊的，是坐在她對面的男朋友送給她的一束玫瑰花。不錯，我是開了大家一個玩笑，但我背後的意圖卻是認真的，那便是──我們對很多事物的看法，其實都視乎觀點與角度吧了。

作為「萬物之靈」的我們，所擁有最珍貴的東西是我們的好奇心、求知欲、理性分析能力、想像力、互助互愛的心、以及自省的能力。無論你們長大後從事甚麼工作，選擇走甚麼的道路，我都希望你們不會丟失上述的特質。不但不應丟失，而且還必須把它們不斷擴充和提升，希望大家以後能夠不斷「品味宇宙、品味人生」。

知多一點點☆

宇宙大同？

對於大自然的「弱肉強食」現象，我們一般都認為是自然法則，故此並不牽涉是非對錯。但自從人類發展出「高等智慧」和「高等感情」，他亦發展出「是」、「非」、「善」、「惡」、「慈悲」、「殘忍」、「壓迫剝削」、和種種有關「不公義」的道德觀念。「抑惡揚善」於是成為了人類歷史的一大主題。

古哲先賢如中國的孔孟、印度的佛陀、西方的蘇格拉底和柏拉圖等，都對這種追求作出了睿智的探究和宣示，可惜，這沒有阻止往後數千年（準確點是 2,500 多年）人與人之間不歇的爭鬥、壓迫和殺戮。

對於這種情況歷來有兩種觀點，第一種是「性惡論」及由此引申的悲觀主義，即認為「性本惡」的人類無法擺脫他的「劣根性」（佛教所說的「貪」、「嗔」、「癡」），所以追求「公義」和「美善」的「大同世界」永遠只能是徒然的。

至於另一種觀點，則是基於「性善論」的（審慎的）樂觀主義。即認為人類透過不斷的經驗累積、自我反省和自我改善，可以令「善心」和「善行」不斷擴充，令世界變得更「公義」、「和諧」、「美好」。

在前者的眼裡，抱持第二種觀點的人無疑是天真（也往往危險）的「烏托邦主義者」。在後者的眼裡，抱持第一種觀點的人是虛無（也往往涼薄）的「敗北主義者」。

的確，支持第一種觀點的事實彼彼皆是─從愈來愈精良和恐怖的殺人武器（包括可將全人類毀滅的「熱核武

器」)、20 世紀的兩場世界大戰和多次種族大屠殺、生活
壓力的不斷增加、精神病的愈趨普遍、資本主義無限逐利
所導致的壓迫剝削、貧富懸殊、生態毀滅、資源耗盡和環
境污染(包括足以令文明崩潰的全球暖化危機)日趨劇
烈……等的現實,我們有充分的理由感到悲觀。

可另一方面,我們亦可找到支持第二種觀點的歷史發
展─奴隸制度的被取締、婦女社會地位的大幅提升、數千
年「家天下」的帝制被推翻、殖民主義的退卻、酷刑的被
禁止、動物權益的提升、聯合國的成立、「人權、自由、
法治、民主」等價值得到普遍認同……等。僅僅於 1800
年(在歷史長河中猶如昨日),這些都是完全無法想像的。

文明在進步還是退步?孔子理想中的「大同世界」會
有實現的一天嗎?宇宙中假如真的有眾多的「高等智慧」
族類,他們可以和諧共處嗎?有如本書正文中的「天有眼?
天無眼?」的提問一樣,各位必須自己尋找答案。

讓筆者引用一個故事作結：

父親為了鍛煉兒子的膽識，與他前往荒野露營，在繁星之下篝火之旁，兩人聽到遠處傳來的狼嚎。兒子顯得有點害怕。父親於是跟他說：「不用怕，那些狼離這兒十分遠呢！這樣吧，讓我講一個關於狼的故事給你聽聽。」

兒子十分高興，並安靜下來細聽。

「其實我們每個人心裡都有兩頭狼。」父親說：「其中一頭正直、善良、勇敢，牠愛護家人、忠於朋友，也忠於整個族群。牠樂於幫助有需要的同伴，也常常關懷弱小，在危急時甚至願意犧牲小我。」

「至於另一頭狼，牠自私、貪婪、狡詐，牠覺得全世界都虧欠了牠，所以常常感到不快樂，而且為了達到一己的目的，往往不擇手段，不理會他人的感受甚至死活。」

「自天地開闢以來，這兩頭狼都在每一個人的心中交戰。人世間的煩惱，絕大部分都由這種交戰引起。」

兒子這時不禁問道：「那麼，最後哪一頭狼會贏呢？」

父親微笑著答：「當然是你餵飼的那一頭。」

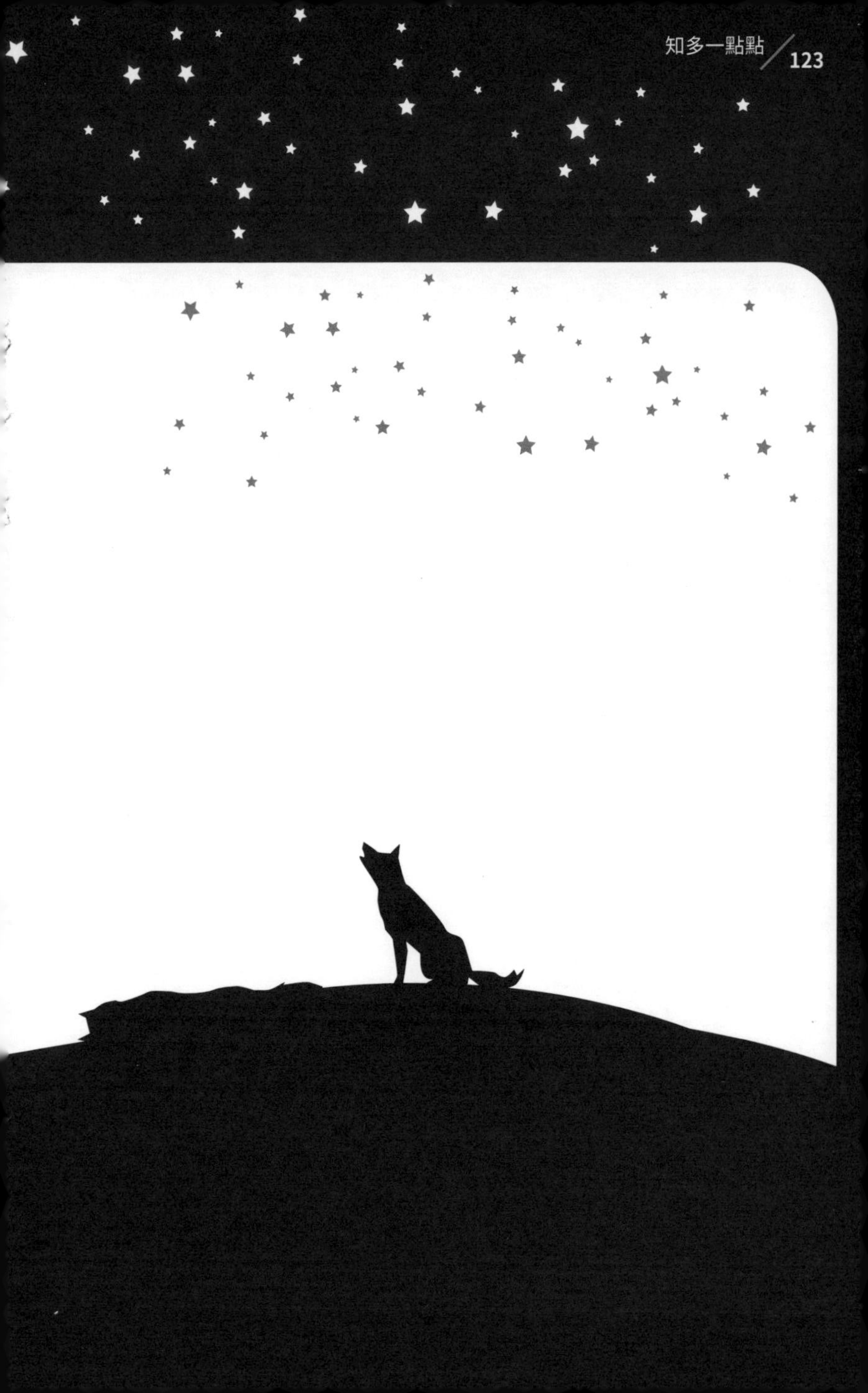

李 逆 熵 作 品 一 覽

中文書

1. 《最後的問題》

2. 《賣隕石的人》

3. 《超人的孤寂》

4. 《星戰迷宮》

5. 《核冬旋風》

6. 《恐龍滅絕之謎》

7. 《三分鐘宇宙》（港版、台版）

8. 《夜空之戀》

9. 《夜空的呼喚》（港版、台版）

10. 《人類大追蹤》

11. 《科學充內行》

12. 《生物學新猷》

13. 《烏鴉的困惑》

14. 《挑戰時空》

15. 《無限春光在太空》

16. 《浩哉宇宙》

17. 《戀戀夜空》（《夜空之戀》增訂版）

18. 《泰拉文明消失之謎》（《無限春光在太空》增訂版）

19. 《格物致知－思考與研究方法概要》

20. 《浩哉新宇宙》（《浩哉宇宙》增訂版）

21. 《喚醒 69 億隻青蛙》

22. 《愛上科學》

23. 《探星的軌跡》

24. 《金星的警告》

25. 《科幻迷情》

26. 《天天天晴－給女兒的五十封信》

27. 《反轉經濟學》

28. 《資本的衝動》（港版、內地版）

29. 《色‧情男女全面睇》

英文書

30. The Quest for Cyber Cathay

31. Rambling Through the Universe

32. The Urge of Capital （kindle edition）

主編

33. 《宇宙摩天輪－香港短篇科幻小說精選》（港版）

34. 《宇宙潛航－香港短篇科幻小說精選》（內地增訂版）

論盡宇宙
—— 從猿人到外星人的探索之旅

作者╱ 李逆熵

編輯╱ 米羔、阿丁

設計╱ MariMariChiu

出版╱ 格子盒作室 gezi workstation
郵寄地址：香港中環皇后大道中 70 號卡佛大廈 1104 室
臉書：www.facebook.com/gezibooks
電郵：gezi.workstation@gmail.com

發行╱ 一代匯集
聯絡地址：九龍旺角塘尾道 64 號龍駒企業大廈 10B&D 室
電話：2783-8102
傳真：2396-0050

承印╱ 美雅印刷製本有限公司

出版日期╱ 2017 年 1 月（初版）
　　　　　　 2017 年 9 月（第二版）
　　　　　　 2018 年 7 月（第三版）

ISBN ╱ 978-988-14368-5-6

定價╱ HKD$78